Mallorca

La isla de las mil caras

Mallorca

La isla de las mil caras

Texto de

ALBERT HERRANZ

Triangle‣Books

ÍNDICE

1

Mallorca

Mallorca es probablemente la isla del Mediterráneo occidental más conocida en el mundo. ¿En cuántos idiomas se habrá pronunciado su nombre? ¿Cuántas lenguas habrán tejido sueños junto a las playas de Cala Rajada o de Cala Figuera? ¿Quién no habrá recorrido con la vista la costa de Sant Elm y se ha enfrentado a la durmiente sombra de la isla de Sa Dragonera? ¿Quién no habrá sentido, con un ligero escalofrío, ecos de piratas y corsarios al pie de los puertos de Sóller, Andratx o Pollença? Mallorca es la isla donde conviven los personajes de historias maravillosas, guardadas a través de generaciones, junto a personajes reales que pertenecen a un mundano mundo de leyenda popular. Gigantes, estrellas de cine, dragones, afortunados millonarios... Geografía variada, fuente de sorpresas, inagotable interrogación para el viajero curioso, o isla del tesoro para el turista ansioso de sensaciones... Mallorca es una isla contradictoria: aquí conviven el pasado y el presente. Bajo los perezosos emparrados, o las bulliciosas playas, resulta difícil adivinar la personalidad de esta preciada isla, una personalidad diversa y cautivadora.

La isla de las mil caras

Mallorca es un mosaico de innumerables colores que forman su territorio geográfico y humano. Abrazada por el Mediterráneo, espera paciente al visitante.

En tan sólo 3640 km² sus habitantes atesoran celosamente un mundo milenario lleno de reminiscencias árabes, de huellas dejadas por los discretos viajeros a través de los tiempos, ecos de épocas de miedo y espadas, la luz de sabios como Ramon Llull que quisieron unir dentro de una paz universal a las tres culturas que han marcado este azul Mediterráneo... Sin embargo, los mallorquines a pesar de este celo son un pueblo afable y tolerante.

El interior parece adivinar el mar espumoso que rodea la *roqueta* y la costa sueña con los perfumes del huerto, la tierra húmeda del interior. Tierra de tranquilos campesinos, de valientes marineros, de escarpadas costas en el norte y amables playas en sus bahías –Palma y Alcúdia–, a veces parece dormitar bajo el sol del mediodía. No nos dejemos engañar por las apariencias: bajo el manto dorado del sol bulle la actividad. Mallorca no duda en adoptar usos modernos, en probar nuevas fórmulas como antigua tierra de mercaderes atrevidos que fue. No obstante su talante socarrón, la sabiduría alumbrada por el sol, nacida del olivo centenario, hace que mantenga un punto escéptico ante la modernidad. Con la misma fuerza que adopta, abandona. Esta reserva isleña hace que convivan en la isla el pasado y el futuro. Esta reserva, ¿tal vez desconfianza?, permite que Mallorca sea un mosaico de fuertes contrastes. Cada una de sus piezas reclama ser conocida, disfrutada, como se pueden disfrutar el olor del azahar o el lento paso de los días de verano.

Este mosaico de contrastes fue un secreto compartido por viajeros y aventureros en siglos pasados, hasta que en la década de los años cincuenta del siglo xx el secreto fue a voces. Mallorca fue protagonista de un *boom* turístico al cual, en la actualidad, se ha puesto un cierto coto. Desdeñando un desarrollismo propio de otras épocas, Mallorca busca y ensaya nuevas formas de proteger y mimar su territorio: parques naturales, protección de playas vírgenes... Así podemos practicar el senderismo, bailar en locales de rabiosa actualidad, recorrer con curiosidad iglesias y museos, bañarnos en sus playas, sentarnos en un *celler* (bodega) y paladear sus poco conocidos vinos o, simplemente, disfrutar del atardecer deleitándonos con un buen plato de pescado fresco...

Hija como es de distintas sensibilidades, Mallorca ofrece alicientes por igual al que prefiere las visitas programadas y al que hace de la espontaneidad y la aventura su programación.

Las antiguas "possessions" son un valioso patrimonio

El principal atractivo de la isla es su litoral

1

Palma
Calvià
Andratx
Valldemossa
Deià

Palma

Capital de la isla. Ciudad primera hasta el punto de ser llamada así por los mallorquines: simplemente *Ciutat* (Ciudad). Debido a la influencia del Renacimiento italiano, recuperó en tal época su antiguo nombre romano, Palma, y hasta hoy pervive la doble denominación. Puerta de salida, puente preciado de los isleños hacia el mundo exterior, es, a la vez, foco de noticias, de llegadas, de unión con ese mundo que a veces parece desde aquí tan lejano...

La bahía de Palma fue muy apreciada en la antigüedad y ello indujo a los romanos a fundar aquí un establecimiento. Más tarde, después del paso de vándalos y bizantinos, los árabes la ampliaron e hicieron de ella el hermoso vergel que llevó a Jaume I, el Conquistador, a manifestar, admirado, que Medina Mayurqa era la ciudad más bella que habían contemplado sus ojos.

Ciutat vio pasar a reyes y mercaderes cargados de monedas de oro e historias fantásticas hasta que otro visitante ilustre, Carlos V, repitió tan justa admiración ante los muros de la ciudad. Y así siguen pasando los siglos, dejando sus huellas en esta ciudad milenaria, antiguo emplazamiento romano, antigua capital de reino y hoy urbe europea por excelencia.

Tanto si uno llega por mar como por el aire destacan del perfil urbano dos edificios: La Seu (la catedral) y el Castillo de Bellver. La Seu domina la bahía y es quizás el edificio que mejor resume Palma. De planta rectangular y tres naves, no sólo presenta impresionantes muestras de arte gótico y barroco sino que

La soberbia catedral domina
un puerto cosmopolita

también guarda en su interior una monumental lámpara votiva, obra del arquitecto Antoni Gaudí y una capilla decorada, por el internacional pintor mallorquín Miquel Barceló. Siglos de arte isleño se dan la mano en este trabajo colectivo que es La Seu. Junto a ella está el Palau de la Almudaina, antiguo palacio de los reyes mallorquines, mezcla musulmana y cristiana de arte medieval, en el cual actualmente reciben las visitas ilustres los Reyes de España.

Y bajo estos dos monumentos se extiende el Parc de la Mar, un parque en el que los palmesanos pasean, disfrutan de conciertos y otras actividades lúdicas mientras miran en el bello estanque el reflejo de la catedral en sus aguas.

Aprendiz en la catedral, el arquitecto Guillem Sagrera proyectó Sa Llotja, un hermoso edificio de ligeras columnas que junto al Consolat del Mar, actual sede del gobierno autonómico, son dos testimonios tallados en piedra de la importancia que el mar ha tenido para la ciudad. Harto de la informalidad de sus paisanos a

En el interior de la Seu destaca el baldaquino diseñado por Gaudí

Patio de acceso a Cal comte de Montenegro

la hora de pagar, Sagrera se marchó a Nápoles. Y no es de extrañar, pues la relación con Italia en muchos aspectos es estrecha; prueba de ellos son los amplios y abiertos patios góticos del casco antiguo: Can Oleza, Can Oleo, Can Catlar, Can Berga, Can Morei...
El Castillo de Bellver, desde cuyas murallas podemos abarcar toda la bahía y la ciudad con la vista, también denota con su planta circular esta relación.

Podemos dividir la Palma antigua según las tradicionales denominaciones de Canamunt i Canavall (la parte de arriba y la de abajo), que tienen su límite compartido en el antiguo curso del torrente de Sa Riera. El casco antiguo es la parte de la ciudad que más tesoros esconde: las innumerables iglesias (Santa Eulària, Sant Jaume, Monti-sion...), el claustro gótico de Sant Antoniet, los Baños Árabes, los recogidos patios... Y en el centro neurálgico de la ciudad, Cort (el Ayuntamiento) con su fachada renacentista, el Palau del Consell de fachada neogótica o, más allá, la Plaça Major, siempre hirviendo de artesanos y artistas callejeros, el modernismo

Amplias entradas realzan las casas señoriales

Plaça de Cort

del Gran Hotel, Can Casasayas, "El Águila", Can Corbella, Can Forteza Rey... También merecen una visita los barrios de Es Molinar, El Terreno y Santa Catalina. El Terreno fue en otros tiempos barrio residencial, como lo atestiguan las ricas casas en las que buscaron refugio, y vivieron, inequívocos artistas como Rubén Darío, Gertrude Stein, Camilo José Cela, Rusiñol, Albert Vigoleis... Los barrios de Es Molinar y Santa Catalina, en cambio, son de origen humilde y marcado carácter marinero, y en ellos se puede disfrutar de la rica gastronomía isleña.

Otros alicientes de Palma son las innumerables galerías de arte y centros culturales (Misericòrdia, Flassaders, Sa Nostra, Gran Hotel...) que marcan el pulso cultural de la ciudad. Un poco alejada del centro está la Fundació Joan Miró, que ofrece al visitante toda una serie de interesantes actividades y obras de este gran enamorado de la isla que fue el célebre pintor. También nos podemos sumergir en la siempre cambiante noche de los alrededores de Sa Llotja, Gomila o el puerto deportivo que ocupa la parte central de la bahía.

El Gran Hotel, del arquitecto Domenech i Montaner, sede de CaixaForum

Panadería modernista

Puerto de Palma
← Catedral de Santa Maria

Casa Forteza Rey
La Llotja, uno de los edificios más emblemáticos de Palma →

Taller de Joan Miró, en la Fundación Pilar i Joan Miró
Jardines de S'Hort des Rei →

El castillo de Bellver domina Palma desde una colina
← Pasear por el casco antiguo descubre al visitante el pasado de la ciudad
Los peculiares molinos del Pla de Sant Jordi →→

Portals Nous

Portals Nous es la pequeña Niza o Mónaco de Mallorca. Su exclusivo puerto deportivo es refugio y centro de recreo de las personalidades y famosos que visitan la isla. Si uno quiere saber qué estará de moda el año que viene, ver a estos personajes o simplemente disfrutar de un ambiente *chic*, Portals Nous es una clara elección.

Este enclave de marcado carácter lúdico y elitista se sitúa, dentro del municipio de Calvià, entre Bendinat y la Costa d'en Blanes. Hasta el inicio de la Guerra Civil fue un lugar en el cual muchas familias de clase media tenían su segunda residencia. A finales de los años 50 del pasado siglo se inauguró el primer hotel y, en la actualidad, se concentran en su puerto seis hoteles, once bares y unos diez restaurantes. Vale la pena reseñar que en 1986 se fundó su puerto deportivo, con 670 amarres, y su Club de Vela, con cerca de 500 alumnos cada verano.

*Cala Portals Nous,
con el islote En Sales*

El puerto deportivo

Magaluf

Magaluf, situado igualmente en el rico municipio de Calvià, pionero en el turismo en Mallorca, es quizás el rincón de la isla que más agresiones ha sufrido. Sin embargo, también es la primera zona que se ha visto beneficiada por la nueva sensibilidad que impregna la industria turística mallorquina. Tradicional lugar de ocio de los ingleses, en Magaluf nacen parte de las modas y las músicas que después marcan las tendencias en Gran Bretaña. Junto a la oferta turística tradicional, Magaluf ensaya nuevas ofertas más acordes con el respeto a la naturaleza. Con amplias playas rodeadas de un bello bulevar, recupera poco a poco el encanto perdido.

Desde sus costas empezamos a adivinar el montañoso norte de Mallorca.

Platja Gran de Magaluf

Crepúsculo sobre el mar

Santa Ponça

E al cessar que féu lo vent veem la yla de Maylorque (Y al cesar el viento vimos la isla de Mallorca) cuenta el rey Jaume I en sus crónicas de la conquista de la isla. Las apacibles costas de Santa Ponça fueron escenario de la llegada de las tropas cristianas como recuerdan cada año sus habitantes con un simulacro y un pregón que siempre se encarga de realzar lo positivas que son las mezclas de culturas. Santa Ponça es una tierra visitada profusamente, como lo demuestran sus inumerables yacimientos prehistóricos, restos de factorías púnicas... No solamente radican en sus playas los encantos de Santa Ponça: aquí uno puede desarrollar su afición al golf en el Club de Golf de Santa Ponça, donde se celebra el Open de Baleares, o bien disfrutar de otras instalaciones deportivas (un frontón, pistas de tenis, campo de fútbol...), o participar en las regatas del Club Nàutic de Santa Ponça.

Islotes Es Malgrat

Santa Ponça

Peguera

Peguera es un núcleo de población muy reciente, aunque no lo parezca. Comenzó a urbanizarse en 1958. Pero está documentado que en el siglo XIV se fabricaba pez (*pega grega*) en los bosques cercanos, y de aquella actividad parece provenir su nombre. Hoy, a pesar de su actividad turística, la zona conserva todavía muestras de un provechoso pasado agrícola que la llevó, a finales del siglo XIX, a exportar grandes cantidades de alcaparras a Francia.

En Peguera, ejercitando la curiosidad, podemos combinar la playa con el senderismo. Y recordar que se alojaron en este emplazamiento de privilegio pintores como Francisco Bernareggi, Pedro Blanes y Antoni Gelabert.

Cala Romana
con Peguera al fondo

Es Racó de ses Llises,
en Cala Fornells

Es Cap de sa Mola, enfrentado a la isla Sa Dragonera
El Camp de Mar, urbanización costera próxima a Andratx →

Andratx

Andratx es una dinámica población que hasta el siglo XIV vivía de espaldas al mar debido a los frecuentes ataques de los piratas berberiscos. Más tarde se convirtió en una población de pescadores y campesinos. Andratx, que hoy esencialmente vive del turismo, es uno de los pueblos más legendarios de la isla; entre sus estrechas calles y sus amplias avenidas se esconden historias de contrabandistas, de piratas, de mercenarios, de emigrantes que se hicieron ricos en América o murieron en la indigencia. Andratx es un pueblo de media montaña: no está encajonado en un solo valle, sino que se extiende por varios valles de almendros y trigo.

Son de visita obligada la iglesia y el Castell de Son Mas, actual sede del Ayuntamiento. Andratx también es conocido por su artesanía de elaboración de cuerdas, debido a la abundancia de

Andratx, al pie de la
Serra de Tramuntana

Castillo de Son Mas,
sede del Ayuntamiento

garballó (palmito). Junto a Andratx, está la pequeña población de s'Arracó. Para los amantes de la naturaleza existen varias áreas naturales de interés, como Cap des Llamp o Cap d'Andritxol, donde se puede ver fauna variada: erizos, conejos y ginetas entre otros animales. La desembocadura del torrent des Saulet también es otro lugar interesante, con una de las pocas poblaciones estables de sapo verde, subespecie endémica de Mallorca.

Destaca su puerto con su bello canal y las barcas de los pescadores amarradas. Un turismo de calidad lo visita. Al este del puerto está la Mola d'Andratx, una pequeña península unida por una estrecha lengua de tierra desde la cual se divisa la isla de Sa Dragonera.

Desembocadura del Torrent des Saulet

La mole del Puig de Galatzó preside el valle y las aguas del Port →→

Fachada marítima del Port d'Andratx

Sant Elm

En la antigua población de pescadores, Sa Dragonera resulta omnipresente. Este islote, que muchos comparan con un dragón dormido –en catalán, *dragó*–, es tierra de lagartijas y Parque Natural, debido a su riqueza en aves marinas y rapaces, a su rico fondo marino y a que la amenaza de urbanización despertó la conciencia de los mallorquines provocando un movimiento estatal en pro de la protección del islote. Se puede decir que en él nació el ecologismo en España. Desde Sant Elm se puede visitar mediante un servicio público de barca con un horario amplio.

A unos 400 metros del nivel del mar está Sa Trapa, con su impresionante paisaje de acantilados dominado por las ruinas de un monasterio trapense. Vale la pena mencionar las 14 especies de orquídeas que allí se dan. La antigua torre de vigía y la arena blanca de la playa de Sant Elm justifican por sí solas la visita.

Islote Es Pantaleu, frente a Sa Dragonera

Cala en Basset, un agradable rincón... de difícil acceso

La isla de Sa Dragonera desde el mirador de La Trapa
Ejemplos de flora y de fauna presentes en el Parque Natural →

Estellencs

Es un pueblo pequeño, tanto en lo físico como en lo humano: unos trescientos habitantes viven en él. Encajonado en el valle y rodeado por montañas: Moleta de s'Esclop (900 metros), Sierra de Pinotells (730 m), Penyal del Moro (618 m), Moleta Rasa (681 m), Sierra dels Puntals (882 m), sin olvidar la sombra inquietante del Galatzó (1027 m). Desde aquí se pueden realizar diversas excursiones por las montañas de los alrededores, o ir a bañarse al puerto, situado a una cierta distancia. Una constante, debido a la antigua amenaza de los piratas, son las torres de defensa del municipio: el campanario de la iglesia es una de estas antiguas torres, reformada.

Viniendo desde Andratx, una parada obligada es la de Es Grau, mirador dedicado al ingeniero Ricard Roca, desde el cual se tiene una sobrecogedora panorámica de la escarpada costa norte.

Estampa primaveral

Arquitectura popular en Estellencs →→

El pueblo, resguardado por la Mola de Planícia

Banyalbufar

Al igual que Estellencs, Banyalbufar es un pueblo de montaña con un pequeño núcleo urbano. A 100 metros sobre el nivel del mar se abre a éste, y aunque no tan encajonado como Estellencs, ofrece el mismo paisaje de cultivos en terrazas o bancales, *marges*. Su nombre viene del árabe *bunjola al-bahar*, que quiere decir "pequeña viña de mar". Era famosa por su vino en tiempos de los romanos, y así fue hasta que la plaga de la filoxera que asoló Mallorca acabó con los cultivos. La especialidad de Banyalbufar, el vino de malvasía, se vuelve a producir después de décadas de olvido, y es un deleite incluso para paladares muy exigentes. La cultura del pueblo está estrechamente ligada al agua: los numerosos molinos de agua y el *ma'jil*, sistema de distribución del agua implantado por los musulmanes son buena prueba de ello. Destacan la Talàia de ses Ànimes, en las afueras del pueblo, y, en el centro urbano, la Torre de la Baronia.

Las casas se asientan en las terrazas escalonadas

Patio interior de la Torre de la Baronia

Torre de vigía en el Mirador de ses Ànimes
Vista hacia poniente desde el mismo mirador →

Valldemossa

Es posible que Valldemossa sea el pueblo más conocido de
Mallorca. Visitantes ilustres como Jovellanos, George Sand,
Chopin o Rubén Darío se han encargado de situar el pueblo en
el mapa. Sobre el antiguo convento cartujano, La Cartoixa, planea
omnipresente la sombra de Chopin y George Sand. La famosa
pareja residió en el pueblo durante los años 1838-39, dejando tras
de sí una rica colección de anécdotas y chismes. George Sand
escribió un libro sobre su experiencia mallorquina, *Un invierno
en Mallorca*, que es todo un clásico sobre la isla.

*La torre de Sant Bartomeu
despunta sobre los tejados*

*La Cartoixa concentra un
gran patrimonio cultural*

En cada casa del pueblo nos podemos encontrar con un azulejo
de la santa más venerada de Mallorca, Santa Catalina Thomàs.
Originaria del pueblo, todavía se conserva la casa en que nació.
Sin embargo, Valldemossa ofrece más cosas: desde su rica *coca*
(bollo dulce) de patata hasta un agradable paseo por sus adornadas
y estrechas calles empedradas. A cinco kilómetros está Miramar.
Fue la antigua residencia del Archiduque de Austria Luís Salvador,
autor de *Die Balearen*, una obra enciclopédica sobre las Islas
Baleares. Fue también en Miramar donde Nicolau de Calafat instaló
la primera imprenta de Mallorca y Ramon Llull fundó (1276)
su escuela de traductores de lenguas orientales. También debemos
mencionar Son Marroig, que alberga un museo dedicado al
Archiduque, la Ermita, el Port de Valldemossa y la iglesia parroquial
del siglo XIII. Algunos visitantes ilustres han aportado su grano de
arena al pueblo, como es el caso del actor Michael Douglas,
promotor del espacio Costa Nord, en el que se puede disfrutar de
una buena comida y asistir a conciertos u otros actos culturales.

Flores en el empedrado

*Valldemossa, entre la
iglesia parroquial y
la Cartuja →→*

Relax gatuno

Ermita de Miramar
← *Desde Miramar se observa la punta de Sa Foradada*

Galería de Son Marroig
Templete neoclásico de Son Marroig →

Deià

El pueblo está situado sobre una colina bajo la sombra de la montaña del Teix (1062 metros). Destaca por sus casas de piedra que van escalando la empinada cuesta hasta acabar en la iglesia y el cementerio. Éste se eleva, en punta, como una proa hacia el cielo y el mar.

El origen de Deià es musulmán y ello se nota en el trazado de sus calles y en el sistema de irrigación, todavía en uso. El pueblo es centro de un constante flujo de visitantes ilustres. Suele ser frecuente ver a cantantes y músicos famosos tocar en alguno de sus bares. Los alrededores son ideales para practicar el senderismo: hay caminos que conectan con las localidades próximas a Deià (Sóller y Valldemossa). A una media hora de camino –también se puede llegar en coche– está Cala Deià, con sus acreditadas aguas cristalinas. Entre la extensa lista de visitantes ilustres destacó el

Las casas de piedra cubren la colina

Las luces del atardecer resaltan el espectacular paisaje

conocido poeta y novelista inglés Robert Graves (autor de
Yo, Claudio, La Diosa Blanca...), cuyos restos descansan en el
cementerio. Desde su llegada, en los años 20 del pasado siglo,
luchó por la conservación del pueblo, y su presencia en él atrajo
a un nutrido grupo de intelectuales de distinto origen. Sobresalen
en Deià su Museo Arquelógico, el Museo Parroquial, el museo
al pintor Norman Yanukin y el Festival Internacional de Deià.

También junto a Deià hay que señalar el conjunto de casas de
Llucalcari y la Cala de Es Canyeret, a unos quince minutos del
pueblo, dónde se puede practicar el nudismo. Existe en la cala una
zona pedregosa con un caño del que mana agua dulce, proveniente
de la sierra, y un barro arcilloso, utilizado por algunos para
embadurnarse el cuerpo con él. Junto a esta cala existen otras a las
que se puede acceder sin ninguna dificultad.

*Llucalcari con la punta
de Sa Pedrissa al fondo*

*Casetas de pescadores
agrupadas en Cala Deià*

El cormorán nada y pesca en este límpido remanso
← *La ensenada brinda aguas calmas para el fondeo*

2

Sóller
Lluc
Pollença
Formentor

Alberca de los Jardines de Raixa, en la carretera de Palma a Sóller

← Jardines de Alfàbia, en la entrada del túnel de Sóller

Sóller

Separada, hasta hace poco, del resto de la isla por la barrera montañosa de la sierra, y con el ferrocarril y un camino serpenteante –Coll de Sóller– como únicos accesos, esta población desarrolló una idiosincrasia propia que le llevó a establecer estrechos lazos comerciales y sociales, aún vigentes, con Francia. Sus ricas casas modernistas (como Can Prunera, casa modernista del año 1911 —actualmente sede del Museu Modernista—), el tranvía y el propio ferrocarril, nos hablan de una ciudad que fue una importante capital de la industria textil y exportadora de cítricos. Actualmente, el acceso en coche se ha facilitado con la construcción de un tunel de peaje; sin embargo, merece la pena entrar en el pueblo a bordo del Tren de Sóller, un ferrocarril eléctrico que, desde 1912, con sus vagones de madera, hierro forjado y vidrio, atraviesa hasta doce túneles que, en zigzag, van rodeando el valle del pueblo hasta llegar a la estación final.

Iglesia modernista de Sant Bartomeu

Jardín botánico de Sóller

Fiesta de "Moros i cristians" en el Port de Sóller

Sóller en fiestas, la estación, el popular tranvía y un detalle del "carrer de Sa Lluna" →

La plaza principal, llena de terrazas y animación, es el verdadero centro neurálgico del pueblo. En ella están el Ayuntamiento y la iglesia neoclásica de Sant Bartomeu. Con el tranvía nos podemos desplazar hasta el puerto, que está a 2 km.

La rada natural tiene varias playas y un puerto deportivo; desde aquí se embarcan excursiones a distintos puntos de la isla (Sa Calobra, Na Foradada...). Destaca también el Museu Balear de Ciències Naturals y su jardín botánico. Sa Fira y Es Firó son fiestas que se celebran la segunda semana de mayo con bailes, mercados y exposiciones, y el tradicional simulacro *Moros i Cristians*. Durante los meses de julio-agosto tiene lugar la importante Mostra Internacional Folklòrica con participantes de distintos lugares del mundo.

La sierra que rodea Sóller, los huertos de cítricos y los caminos y senderos que los atraviesan conforman un lugar ideal donde practicar el excursionismo.

El tranvía comunica la villa y el puerto

El tren de Palma entrando en el valle de Sóller

Port de Sóller →→

COPA KINDER

COPA ADVOCAT

COPA FRUTA

COPA CARAMELO

ORANGE SOLLER

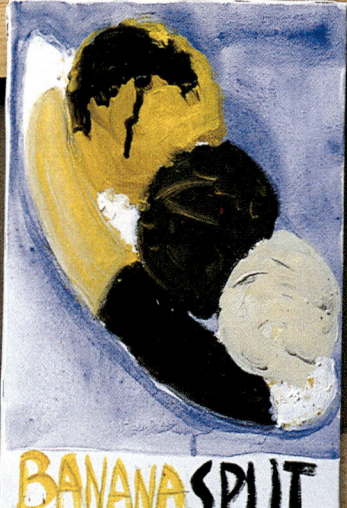

BANANA SPLIT

COPA KINDER

COPA ADVOCAT

COPA FRUTA

COPA CARAMELO

ORANGE SOLLER

BANANA SPLIT

Los cítricos de la zona se convierten en verano en helados y zumos
← *Pinturas de Anna David ilustran la oferta en Sa Fàbrica de Gelats*

Biniaraix

Pequeña población en las afueras de Sóller remarcable por el conjunto de sus casas y jardines, sus calles escalonadas y la iglesia de Santa Maria (1634). Durante el mes de abril se suele celebrar el tradicional encuentro *Trobada de Pintors del Barranc*. El camino conocido por Barranc de Biniaraix conduce desde el pueblo a la entrada del valle de L'Ofre. Sigue el curso del torrente y está empedrado. Es una auténtica delicia, pues el trazado va atravesando su cauce constantemente. El paisaje, lleno de bancales y paredes de piedra, que adoptan curiosas formas siguiendo la geografía del barranco, esconde una rica flora y fauna. Piferrer, en el libro *Las islas Baleares* (1888), cuenta: "Por una estrecha cuesta estrechísima y rápida que serpentea entre precipicios trepamos con fatiga el Barranc, ya nos paremos con asombro a contemplar las moles que amagan nuestras cabezas, ya sigamos con la vista hasta el hondo de los flancos peñascosos".

Calles y casas se adaptan al paisaje del barranco

Estampa rural con olivo centenario

Fornalutx

Conjunto de interés paisajístico y arquitectónico indiscutible.
A 166 metros sobre el nivel del mar, ha vivido siempre a la sombra
de Sóller, siendo municipio independiente desde el año 1837.
Hay casas muy interesantes (Can Arbona, sede del Ayuntamiento,
Casa d'Amunt, Posada de Bàlitx, Can Xandre, Can Ballester,
Can Bisbal...) y la iglesia, con un remarcable órgano en su interior,
ya aparece documentada en 1484. Un rasgo de las casas del pueblo
son las tejas pintadas en los aleros (28 inmuebles inventariados).
Esta característica se repite en todo el valle de Sóller.

*La primavera sonríe
sobre la población*

*. Una calle escalonada, jardín
de múltiples fragancias*

La arquitectura de montaña compone imágenes deliciosas
← *Plaça d'Espanya. Fornalutx*

La cultura del aceite pervive en la isla
Molino antiguo en la almazara de Mofarès →

Sa Calobra

A Sa Calobra se puede llegar atravesando la Serra de Tramuntana por la carretera de Sóller a Lluc, hasta alcanzar la línea de costa por un trazado serpenteante, especialmente diseñado para realzar el atractivo turístico del paisaje por el ingeniero Antonio Parieti; bordeando la costa desde el Port de Sóller mediante el servicio de barcas; o bien a través de largos y sinuosos caminos de montaña.

En realidad se trata de dos calas encajadas, rodeadas de unas paredes de roca con una fisonomía muy particular de grietas y relieves. Una de las calas, S'Olla, es la desembocadura del Torrent de Pareis. Forma un enorme anfiteatro natural, donde se suelen celebrar interesantes conciertos corales. Situada a 122 metros del mar abierto la cala no es visible desde el exterior. La bajada del torrente es un clásico del barranquismo mallorquín.

Desembocadura del Torrent de Pareis

Desde Sa Calobra se accede a la cala contigua por un paso con túnel

Sa Calobra pertenece al municipio montañoso de Escorca, el menos poblado de la isla y noveno en extensión. Las *possessions* son el elemento urbanístico más importante (Mortitx, Mortitxet, Mossa, Femenia, Binifaldó, Binimorat, Cúber...). En este municipio se concentran los picos del Puig Major (1447 m), l'Ofre (1091 m), Puig de Massanella (1352 m), Puig de Ses Bassetes (1216 m), y nacen los torrentes más importantes de la sierra: Almadrà, Massanella, Coma Freda... Existen cerca de 60 fuentes y más de 30 yacimientos arqueológicos. Tanto en los alrededores de Sa Calobra como en Escorca se puede práctiar senderismo, excursionismo y montañismo. Eso sí, con mucha precaución. También se puede destacar Cala Tuent, una playa de arena fina y blanca, de 180 metros de longitud.

La impresionante brecha termina en una pequeña playa

Playa de Cala Tuent, vecina de Sa Calobra

Uno de los recovecos del Torrent de Pareis
← *Otro aspecto del interior del barranco*

Santuari de Lluc

El santuario de Lluc es el corazón espiritual de la isla –el nombre proviene del latín *lucus*, bosque sagrado–, y en él se venera a la patrona de Mallorca, la Mare de Déu de Lluc. Su imagen es de piedra policromada y estilo gótico (siglo XIV), y viste el hábito de los antiguos dueños de Lluc, los caballeros del Temple. Según la tradición, fue hallada por un pastor junto a la sacristía actual, poco después de la conquista de la isla.

Conocida es su escolanía, llamada popularmente *Els blauets* por el color de su sotana azul (*blau*). Es una de las instituciones más antiguas de Europa (1531), con una reconocida trayectoria musical. Existe un museo en el cual se exhiben los restos prehistóricos de la Cometa dels Morts, y las principales joyas de la Mare de Déu; y otro de Ciencias Naturales, con un jardín botánico donde pueden verse numerosas especies endémicas. También hay una hospedería para los numerosos peregrinos que llegan hasta aquí.

El Santuario de Lluc con el Puig Roig al fondo

Interior del Santuario de Lluc → →

Vista de conjunto del Santuario

Olivos en los alrededores de Lluc
← *Silueta del Puig Major visto desde Alaró*

*Las Fonts Ufanes,
un fenómeno natural
de esta zona*

*Estalagtitas y estalagmitas
en las famosas cuevas de
Campanet*

Cala Sant Vicenç

En contra de lo que parece anunciar su nombre, Cala Sant Vicenç, a 7 km de Pollença, no es una sola cala sino tres: Cala Barques, Cala Clara y Cala Molins. Desembocan en ellas diversos torrentes. Al abrigo del Cavall Bernat, prolongación de la sierra que muere en el mar, sus aguas son tranquilas, siempre que un temporal de Tramuntana no las agite, y transparentes. Hay una pequeña y pacífica población turística y el entorno despierta una sensibilidad especial; no en vano, tres pintores como Anglada Camarasa, Santiago Rusiñol y Sorolla, encontraron en él inspiración para sus obras.

Cala Sant Vicenç ha sido también objeto de distintas campañas de arqueología subacuática, y cuenta con unos de los conjuntos más importantes de cuevas artificiales de enterramiento de la cultura talayótica. El paisaje que rodea Cala Sant Vicenç es espectacular y permite realizar diversas excursiones a pie o escaladas.

Cala Barques protegida por las paredes del Cavall Bernat

Pollença

El núcleo urbano de Pollença se halla a 4 km de la bahía homónima. El nombre de Pollença proviene del participio y adjetivo latino *pollens*, con el sentido de tener fuerza, lo cual vendría a calificarla como la ciudad poderosa, con empuje. Es una población tranquila en la que destaca su plaza central, adornada con grandes plátanos y en la cual hay establecimientos con gran solera, como Can Moixet (Bar Espanyol).

A pesar de esta tranquilidad, Agatha Christie escribió aquí su novela *Intriga en Pollença*.

El puente romano de dos arcos, junto con la iglesia, erigida por los templarios, y el convento barroco de Sant Domingo, son lugares a visitar. En el patio interior de este convento se celebra desde hace cuarenta años el Festival de Pollença, ciclo de conciertos con gran prestigio en Europa. La imagen recurrente de

Pollença

La Plaça Major, en el centro del pueblo

la población es la escalera que empieza en la calle de Jesús: 365 peldaños flanqueados por cipreses, y un vía crucis con impresionantes cruces. Se trata de la subida al Calvari. Al final de la escalera nos encontramos con el oratorio y unos miradores desde los cuales se ve toda Pollença. Otra atalaya privilegiada es el Puig de Maria, que ofrece hermosas vistas de la península de Formentor, la bahía de Pollença y el Valle de Sant Vicenç y cuenta con una ermita que dispone de habitaciones para pernoctar. La zona es rica en especies vegetales y aves. El Castell del Rei son las ruinas del antiguo castillo real de Pollença. De origen musulmán y situado a 476 metros de altura, domina parte del término. El castillo, abandonado definitivamente en 1732, fue objeto de una primera rehabilitación en 1992-94.

En Pollença se celebra una de las fiestas más populares de la isla: el *Simulacre, o Moros i Cristians*, dedicada a la patrona del pueblo, Mare de Déu dels Àngels. En ella, los *pollencins* celebran la victoria, en 1550, contra los piratas turcos. Ambos bandos están

Los "pollencins" celebran sus fiestas con gran animación

Claustro del convento barroco de Santo Domingo

comandados por dos personajes históricos: el pirata Dragut y el alcalde Joan Mas, encarnados por habitantes del pueblo que se eligen en una rigurosa votación.

En la gastronomía local destaca la *formatjada*, un rico pastel de requesón. Dentro del municipio existen distintas fábricas de muebles de estilo rústico, y en la ciudad encontramos diversas tiendas dedicadas a la decoración y a la venta de objetos de regalo. Los domingos hay mercado en el pueblo y los miércoles en el Port de Pollença.

Entre Pollença y Alcúdia se halla el Àrea d'Especial Interès de S'Albufera, la primera reserva natural de Mallorca.

El antiguo puente romano

*Pintoresca calle
en Pollença*

*Paseo de Vora Mar en
el Puerto de Pollença* →→

123

La bahía de Pollença conserva rincones de idílica belleza

Port de Pollença →

Formentor

Los paisajes más impresionantes del municipio de Pollença
los ofrece sin duda la península protegida de Formentor.
Una serpenteante carretera, que atraviesa la península, rodea los
innumerables acantilados, montañas recortadas que se alzan
majestuosas para caer pesadas en el siempre cambiante mar, y
termina en el Far de Formentor, lugar de dramática belleza que
se eleva ligero a doscientos metros sobre el nivel marítimo, y
desde donde se pueden hacer distintas excursiones a numerosas
calas (Cala Murta, Cala Boquer, Cala Figuera...), u observar las
interesantes aves que nidifican en la zona.

A principios de siglo aparecieron por Pollença dos artistas
millonarios argentinos, Adan Diehl, escritor, y Roberto Ramaugé,
pintor. El segundo, enamorado del paisaje, construyó el famoso
Hotel Formentor en Cala Pi. El legendario establecimiento posee

Punta de la Nau y el islote
El Colomer, vistos desde
el mirador

Contraluz al atardecer

una elegante terraza, con unos delicados jardines. Numerosos personajes famosos del pasado siglo fueron sus huéspedes, y también ha sido escenario de encuentros entre escritores de fama mundial, cuando en él se fallaban los Premios Internacionales Biblioteca Breve, o de influyentes políticos en distintas cumbres mundiales. Al pie del hotel está la Platja de Formentor, playa de arena blanca rodeada de un poblado pinar.

A nivel anecdótico, se suele comentar que el Hotel Formentor fue el escenario en el que nació la palabra "estraperlo", combinación de los nombres de dos empresarios holandeses, Strauss y Perle, que idearon una nueva ruleta que se instaló en el hotel y en el casino de San Sebastián. A cambio de permitir su introducción, el jefe del gobierno, Lerroux, recibiría parte de los beneficios. El gobernador de San Sebastián prohibió el juego y cuando Strauss acudió a Lerroux éste se desentendió. Finalmente el escándalo estalló, las ruletas tuvieron que retirarse y Lerroux dimitió. La curiosa palabra quedó como sinónimo de negocio fraudulento.

*El faro culmina el escarpa
do cabo de Formentor*

Sa Talaia d'Albercutx →→

*Desde Cala Pi se divisa
el Puig de la Pinoa*

Alcúdia

Uno de los pueblos de Mallorca que más cuidan su herencia histórica y cultural es Alcúdia. Nos lo confirma un paseo por su casco antiguo, empedrado y con casas de planta baja o de un máximo de dos alturas, rodeado por una muralla bien conservada. Esta parte amurallada merece que le dediquemos un tiempo; en ella destacan la Puerta de Xara, rodeada de jardines, y la Puerta de Sant Sebastià (también llamada de Mallorca).

En Alcúdia están las ruinas de la ciudad romana de Pollentia, fundada en el año 123 a.C. por el colonizador de Mallorca, Cecilio Metelo. Varios itinerarios culturales recorren la urbe romana, que cuenta también con un anfiteatro. Con la caída de aquel imperio, la ciudad fue asaltada por los vándalos; más tarde estuvo bajo dominio del reino taifa de Dènia. De esta época le viene el nombre: Alcúdia significa colina.

*Playa de
Sa Font de Sant Joan*

Mercado en Alcúdia

De la incorporación de Mallorca al Reino de Aragón data el inicio de la construcción de las murallas, que sirvieron de protección a los nobles y latifundistas durante la revuelta de los *Agermanats* (Germanías). Aquellos hechos le valieron el título de Ciudad Fidelísima, otorgado por Carlos V. Víctima de constantes ataques y saqueos de corsarios y piratas, Alcúdia iría perdiendo población hasta que en el siglo XVIII se inició un proceso de repoblación.

Aunque la principal fuente de ingresos local es actualmente el turismo, cabe destacar que el pueblo cuenta con una importante actividad industrial, en parte gracias a la presencia del puerto y de la central eléctrica que suministra energía a Mallorca y Menorca, isla con la que tiene conexión marítima regular. La pesca también es otra de las actividades con más arraigo.

Junto a su largo paseo marítimo, el Port d'Alcúdia tiene una bella y extensa playa de aguas poco profundas. Otras playas son las de Mal Pas y Ses Caletes, éstas mirando a la Bahía de Pollença,

Calles empedradas en el casco antiguo de Alcúdia

Largas playas para disfrutar del sol y del mar

Sa Marina
Playa de Alcúdia →

y la de S'Alcanada, cerca del puerto, protegida por una pequeña isla con un faro que tiene el mismo nombre. Otro de sus valores naturales es el humedal de S'Albufera, Parque Natural, auténtico paraíso para los ornitólogos.

Alcúdia cuenta con la Fundació Can Torró, biblioteca dotada con los más modernos métodos de lectura y que desarrolla toda clase de actividades culturales. Fue donada al pueblo por uno de los editores más importantes de Europa, Reinhard Mohn (editorial Beltersman). Otro espacio importante es el de la Fundació Yannick i Ben Jakober, que se encuentra en un remarcable edificio, obra del egipcio Hassan Fathy.

Puerta de Sant Sebastià, o de Mallorca, en la muralla de Alcúdia →→

Ruinas de la ciudad romana de Pollentia

Anfiteatro romano

Ses Caletes, en el extremo oriental de la bahía de Pollença
Playa de Es Coll Baix, a los pies de Sa Talaia d'Alcúdia →

Ejemplar de garza imperial
← *S'Albufera es un espacio natural único*

Águila pescadora
El Parque permite la observación de especies protegidas
Numerosas aves habitan o residen estacionalmente en S'Albufera →

Can Picafort

Situado al final de la bahía de Alcúdia, Can Picafort es un denso conjunto de urbanizaciones y hoteles que ocupa una larga franja costera entre la carretera y el mar, con formaciones dunares y pinares, que abarcan desde las playas de Santa Margalida y Muro hasta la Cala de s'Aigo Dolça. Las playas son de arena fina y el paseo marítimo es agradable. Se puede ir en bicicleta al Port d'Alcúdia, son 10 km, el paisaje es llano y casi todo el camino se puede recorrer por una pista para bicicletas. Sus aguas no son tan tranquilas y poco profundas como las de Alcúdia. Cerca del mar hay toda una serie de hoteles con solera que se confunden con las fachadas de las casas residenciales. Todo el paseo está salpicado de agradables bares y restaurantes, en los que se puede comer dejando que la vista descanse sobre el ir y venir de las olas.

En el término se encuentra la impresionante necrópolis talayótica de Son Real, en la finca pública del mismo nombre.

Playa de Santa Margalida

Amanecer en la bahía de Alcúdia

Colònia de Sant Pere

La parcelación de la dehesa agrícola de Farrutx en 1880 dio lugar al núcleo costero de la Colònia de Sant Pere. La Colònia ha sido el sitio tradicional de veraneo de los *artanencs* (gentilicio de Artà). Otro lugar de ambiente mallorquín es Son Serra de Marina, que acoge tradicionalmente a *murers*, *inquers*, *margalidans* y *poblers*, vecinos, respectivamente, de Muro, Inca, Santa Margalida y Sa Pobla.

Una excursión apreciada consiste en ir al Cap Ferrutx andando. El camino pasa por agradables calas como las de Caló des Camps, o Es Canons.

Rincón de Es Caló,
cerca de Cap Ferrutx

Playa en Colònia de Sant Pere

El "rupit" (petirrojo), una de las especies que pueblan la zona
← La floración de los almendros ilumina el paisaje

Artà

El origen de Artà se pierde en la noche de los tiempos. Los restos del Talaiot de Ses Païsses, visitables, son un testimonio de ello. Durante la dominación romana parece ser que fue un importante enclave, y en época musulmana el municipio constituía una de las trece partes en las que la isla estaba dividida. Con la conquista de Mallorca por parte de Jaume I se funda la actual villa de Artà. Una importante actividad agrícola y textil favoreció que aumentara el número de sus habitantes; sin embargo, la peste bubónica diezmó la población en 1820. Hubo también una importante emigración a América.

En los años sesenta del pasado siglo aparece el turismo, que a su vez revolucionó la construcción y la industria del ocio en la zona. Sin embargo, en Artà hay también agricultura, ganadería y algunas industrias alimentarias.

*Santuario de
Sant Salvador*

*Torreón en la muralla de
Artà*

En el casco urbano son de destacar los edificios de los indianos (Can Sureda, Cas Marqués, Can Cardaix...) y el castillo-ermita Santuari de Sant Salvador. Al santuario se llega a través de una escalera de 180 peldaños que arranca de la iglesia. Construido en el siglo XIV, se utilizó como hospital durante la peste de 1820, siendo quemado –y reconstruido después– por dicho motivo.

Una agradable excursión nos lleva a la ermita de Betlem, desde donde podemos ver toda la bahía de Alcúdia. Hay por los alrededores una serie de tranquilas calas, como Estreta y Mitjana.

Entre las celebraciones más importantes y con profundo arraigo en el pueblo destacan las fiestas-verbenas de Sant Antoni, que tienen lugar los días 16-17 de enero.

Cala Estreta y Cala Mitjana,
en la península de Artà

Cap des Freu

El jaguarzo blanco, flor delicada en medio del yermo
Talaiot de Ses Països. Artà →

Capdepera

Tan sólo a 8 km de Artà, Capdepera fue originalmente su salida marítima. Jaume II ordenó la construcción de una villa en una colina que se alzaba a 162 metros sobre el mar. Durante siglos, Capdepera vivió ligada a sus murallas, sus torres de defensa y los ataques piratas. A medida que el peligro desaparecía, los habitantes fueron abandonando el recinto para instalarse en las faldas de la colina. La antigua villa era lo que hoy llamamos Castell de Capdepera. En lo alto del recinto amurallado se encuentra el oratorio de Nostra Senyora de l'Esperança.

En el litoral destacan las calas y playas de Cala Mesquida, Cala Tamarells, Es Carregador, Font de sa Cala... Y un islote, Es Freu, junto al cabo del mismo nombre. Durante mucho tiempo se solía nombrar en la isla el Far de Capdepera como símil de lugar alejado o inhóspito.

Las murallas del castillo coronan la población

Cala Mesquida y el Coll de Marina al fondo

Faro en la roqueña Punta de Capdepera

Cala Agulla →

Cala Rajada

Cala Rajada fue uno de los primeros núcleos turísticos de Mallorca. Puerto de pescadores y puerto comercial de Capdepera, mantiene todavía un cierto encanto. Desde Cala Rajada parte un *ferry* a Menorca.

Sa Torre Cega, palacio que pertenece a la poderosa familia March, destaca en lo alto de la colina que domina el muelle. El palacio no se puede visitar, pero sí los jardines, que están profusamente decorados con más de sesenta piezas escultóricas de artistas como Henry Moore, Chillida, Rodin...

Playas interesantes son también, además de las citadas en Capdepera, Cala Moltó, Cala Agulla –área natural protegida– y Cala Gat, con su islote es Faralló en la entrada de la rada.

Cala Moltó

Puerto de Cala Rajada

Canyamel/Coves d'Artà

El valle de Canyamel, Área Natural de Especial Interés por sus valores naturales y paisajísticos, se extiende siguiendo el curso del torrente homónimo hasta las conocidas playas. Debe su nombre al cultivo de la caña de azúcar (*canya de sucre* o *canyamel*), que se inició en 1468. Igual que la torre de defensa, se designa también Canyamel a la urbanización desarrollada junto a las Cuevas de Artà, una de las más interesantes cavidades naturales que se pueden visitar en la isla.

Como curiosidad, hay que comentar que la arena de la playa tuvo un papel decisivo en la lucha contra la obesidad. En los años sesenta los trabajadores de la empresa Roche que veraneaban en la zona tenían la nefasta costumbre de llevarse de recuerdo un puñado de arena. Un ingeniero de la firma recogió también su puñado y la hizo analizar: la suerte quiso que se aislara un hongo, *streptomyces toxytricini*, importante para desarrollar medicamentos con que paliar el exceso de peso.

Playa de Es Ribell

Interior de las cuevas de Artà

Cala Bona/Cala Millor

Cala Bona es un pequeño puerto de pescadores que, a pesar de la proximidad con Cala Millor, tiene un ritmo más sosegado. Sus alrededores son fuente de interesantes excursiones y amenos descubrimientos: Costa dels Pins, Son Servera, Sant Llorenç des Cardassar, S'Illot, con un interesante poblado talayótico, Punta Amer, Área Natural de Especial Interés en dónde se encuentra la torre de vigía del siglo XVII... Actualmente se organiza la conocida Regata Internacional de Globos Aeroestáticos.

La playa de Cala Millor tiene una longitud de más de 2 km, y una media de anchura de 45 metros. Por su arena fina y sus aguas transparentes ha sido galardonada repetidamente con la "bandera azul" de la Comunidad Europea. La historia de este enclave es en sí misma un resumen del turismo en Mallorca: vivió el desarrollismo del final de los años 1960-70, la crisis de los 80 y los planes de embellecimiento y sostenibilidad de los 90.

Cala Bona

La explosión floral de la primavera llega hasta las playas

Portocristo

Puerto de Manacor, de cuyo municipio forma parte. Habitado desde la prehistoria, ya fue un enclave importante en tiempo de los romanos. El torrente de Ses Talaioles desemboca en él, formando un hermoso canal en su último tramo. En el entorno de Portocristo se encuentran las cuevas del Drach, y los conjuntos de cuevas des Pirata y dels Hams. De las cuevas del Drach destaca el lago Martell, considerado como uno de los lagos subterráneos más grandes del mundo; las dels Hams albergan una curiosa forma de vida: crustáceos minúsculos que han sobrevivido en su interior desde tiempos prehistóricos.

Manacor presenta una amplia oferta cultural. Y además es donde se producen las famosas perlas Majorica (la factoría se puede visitar). También pertenecen al municipio puntos de interés como: Cala Moreia, Cala Morlanda, Cala Petita, Cala Anguila, Cala Mendia, s'Estany d'en Mas, Cala Falcó, Cala Varques...

Arenal en el interior del puerto

El puerto ha generado un gran núcleo turístico

Uno de los tesoros de las cuevas del Drach es el lago Martell
← Las aguas subterráneas reflejan escenarios sorprendentes

4

Cales de Mallorca
Portocolom
Cala d'Or
Portopetro
Santanyí
Colònia de Sant Jordi
Illa de Cabrera

Cales de Mallorca

Cales de Mallorca es una zona con bastante densidad urbanística y que se confunde con las urbanizaciones de Platja Tropicana, Cala Murada, Cala Antena... Todo el entorno está lleno de playas y pequeñas calas.

Entre Manacor y Cales de Mallorca está la Torre dels Enagistes. Se trata de una antigua construcción defensiva, del siglo xv, en cuyas dependencias se ha instalado un museo arqueológico y etnológico. También cerca se encuentra el municipio de Felanitx, con interesantes poblaciones menores dignas de visitar: Cas Concos des Cavaller, S'Horta, Es Carritxó, Son Mesquida, Son Negre, Son Valls...

Cala Varques

Cala Es Domingos

Portocolom

Este puerto natural, uno de los más grandes de la isla, se considera la salida al mar de la ciudad de Felanitx. Aquí se embarcaban hacia el continente, preferentemente hacia Francia, el vino y el aguardiente que se producían en la comarca hasta que la plaga de la filoxera, hacia finales del siglo XIX, acabó con los cultivos. En la actualidad se vuelve a producir vino, tras un gran lapso de tiempo, con un aroma y un sabor muy interesantes.

Fue también emocionante escenario de diversos episodios relacionados con el contrabando, pero hoy, el antiguo puerto duerme, y los usos son mucho más lúdicos.

Cerca de este enclave está Cala Marçal, una playa de arena blanca y que cuenta con toda clase de servicios. Otra alternativa interesante, y bastante concurrida, es ir a la cala virgen de S'Algar.

Puerto de pescadores

Sa Capella

Las almendras fueron antaño el sustento del campo mallorquín
La recolección se hace aún según métodos tradicionales →

Sineu, en el centro de la isla, es una de sus poblaciones históricas

Cala de s'Amarador →→

Cala d'Or

En Cala d'Or se respira un ambiente agradable y cosmopolita. En torno a tres calas contiguas –Cala Llonga, Caló de ses Dones y Cala Gran– se creó un gran complejo que cuenta con un alto nivel de servicios y con un puerto náutico en el que están amarrados exclusivos y lujosos yates. El centro es peatonal y tiene toda una serie de atractivos y sofisticados bares, tiendas y restaurantes. Comer en uno de los agradables restaurantes que bordean el mar, o en el club náutico, es una opción recomendable. Cerca de Cala d'Or se encuentran Cala Esmeralda, Cala Ferrera y Cala de Sa Nau, playas de arenas finas y rodeadas de pinares.

Aguas de azul turquesa
en Cala Gran

Cala d'Or

Portopetro

Protegen el paso a este profundo puerto las puntas de Sa Torre
y Es Frontet. Se trata de un excelente refugio para el navegante;
sin embargo, el fondeo es muy solicitado y es difícil encontrar
un hueco. Desde el siglo xv ha sido un puerto exportador de la
famosa piedra de Santanyí y de trigo.

   Portopetro es una agradable población en la que pescadores
y turistas se mezclan sin distorsionar, ni unos ni otros,
la tranquilidad y la belleza del lugar. Aquí tuvo su residencia
el músico Frederic Mompou.

*Sus muelles ofrecen
a los navegantes un
refugio inmejorable*

*Refugios para las barcas
al nivel del mar*

El recortado litoral esconde paisajes de ensueño
← *Plácidas caletas fueron en otros tiempos escondite de piratas*

Cala Figuera

Cala Figuera es un refugio natural muy querido por los navegantes que visitan la isla. En Cala Figuera uno puede pasear por su puerto, que conserva una estética que nos habla de otros tiempos, ver a los pescadores reparar sus redes, y entender porqué este lugar suele ser escogido con frecuencia por pintores nacionales e internacionales para reflejar la hermosa serenidad y paz que mecen sus aguas.

Estampa marinera

La pintoresca cala respira tranquilidad

Santanyí

El nombre de esta población siete veces centenaria, víctima a lo largo de la historia de distintos asedios e incursiones piratas, procede del latín *Santi Agnini*. Durante el siglo XIX se produjo un movimiento migratorio que llevó a muchos de sus pobladores a la vecina isla de Menorca, las costas de Argel y otros pueblos de Mallorca. La principal actividad del municipio es el turismo, si bien también existe una discreta agricultura de secano, y canteras de *marès* (piedra arenisca) con gran fama en la isla por su precioso color ambarino. Se encuentran en el término los vestigios de poblados prehistóricos de Sa Talaia Grossa y Ses Talaies de Can Jordi. Y el Parque Natural de Mondragó. Se trata de un parque de 785 ha., casi exclusivamente litoral, en el que aparecen una serie de calas (S'Amarador, Caló del Brogit, Caló del Sivinar...) y acantilados

Iglesia parroquial de San Andrés

Los sábados hay mercado en la plaza

que llegan a alturas de 30 metros (Cap del Moro, Solimina, el Blanquer...). Los torrentes del Amarador y de las Coves del Rei originan pequeños barrancos e inundan zonas que forman estanques de aguas más o menos permanentes. Un pequeño cordón de arena separa el estanque del mar en la playa de S'Amarador. Es una zona con gran variedad de ambientes (barrancos, calas, dunas y zonas húmedas) que dan lugar a una gran riqueza de flora y fauna.

La población de Es Llombards, y la cala del mismo nombre, bien merecen una visita. En Cala Llombards se encuentra Es Pontàs, un espectacular arco de piedra formado por el mar. Otras calas interesantes son Cala S'Almoina y Cala Santanyí. La costa que recorre el camino hacia Ses Salines es llana, de litoral abierto, pero va ganando altura hasta alcanzar los 64 metros en el Cap de Ses Salines. Se trata del extremo más meridional de la isla. La tranquilidad y la espectacularidad de las puestas de sol hacen de este lugar un sitio muy especial.

Cala Santanyí cuenta con una hermosa playa

Es Pontàs

Cala S'Almonia, resguardo de pescadores locales
← Interior de la misma cala
Caló des Moro, cerca de S'Almonia →→

Colònia de Sant Jordi

Colònia de Sant Jordi, cuyo horizonte marítimo está dominado por la silueta de Cabrera, se considera un lugar de veraneo familiar. Cerca están las playas de arena del Carbó y des Caragol. A lo largo de la costa de la Colònia de Sant Jordi podemos destacar los islotes de na Guardis (un antiguo enclave púnico de intercambio de mercancías), des Caragol, Moltona y Pelada. También destaca Es Trenc, preciado sistema dunar y una de las pocas playas nudistas de la isla. A escasa distancia de este arenal se encuentran las salinas, explotadas ya por los romanos, que forman parte del Salobrar de Campos, la segunda zona húmeda de importancia después de S'Albufera. El salobrar constituye una zona de especial protección para aves (ZEPA).

Playa de Es Dolç

Faro del cabo de Ses Salines →→

Fachada marítima

Colònia de Sant Jordi
Playa de Es Trenc, cerca de Ses Salines →

Illa de Cabrera

El archipiélago de Cabrera, Parque Nacional marítimo-terrestre, comprende las islas mayores de Cabrera e Illa de Conills, más unos 17 islotes y arrecifes (na Pobra, na Foradada, na Plana, l'Esponja, na Rodona, els Estells, l'Imperial...) El territorio emergente del parque comprende 1318 ha., mientras que el área marítima es de 8703 ha. Desde los puertos de la Colònia de Sant Jordi, Portopetro o sa Ràpita de Campos se puede llegar al parque en una travesía de una hora u hora y media.

Cabrera ha sido habitada a lo largo de la historia por una población testimonial, lo cual ha permitido mantener el entorno natural completamente intacto. Al llegar a la isla se avista el castillo del siglo XIV, que desde lo alto de un promontorio domina la ensenada de aguas cristalinas. A corta distancia del puerto, un monolito recuerda a los soldados franceses que fueron confinados aquí tras la batalla de Bailén y sufrieron maltratos y abandono.

El castillo domina el puerto

Cabrera

© *del texto*
ALBERT HERRANZ

© *de las fotografías*

RICARD PLA 25, 33, 53, 54, 61, 63, 65, 68, 76, 87(4), 98, 99, 112, 121(3,4), 136, 137, 138, 139, 141, 143, 152, 159, 161, 165, 171, 187, 19
· **JAUME SERRAT** 14, 34, 41, 43, 44, 71, 72, 78, 84, 87(1,2), 92, 93, 94, 95, 105, 113, 146, 153, 154, 158, 160, 173, 191, 192, 207 ·
BIEL PUIG 2, 27, 62, 67, 74, 85, 87(3), 88, 89, 96, 97, 103, 107, 114, 116, 117, 118, 122, 126, 127, 128, 129, 130, 131, 132, 144, 147, 164,
166, 167, 169, 170, 172, 188, 196, 202, 203, 204, 215 · **LAIA MORENO** 15, 31, 37, 38, 42, 49, 50, 57, 58, 60, 82, 110, 123, 124, 140,
163, 174, 175, 182, 186, 190, 193, 198 · **SEBASTIÀ TORRENS** 55, 70, 79, 106, 109, 148, 149, 150, 151, 157, 162, 212, 213 ·
HANS HANSEN 12, 24, 26, 39, 40, 46, 52, 73, 115, 119, 176, 177, 180, 199, 201, 206, 210 · **OLEGUER FARRIOL** 9, 20, 22, 64, 74
90, 104, 142, 197, 200, 208 · **CARMEN VILA** 28, 100, 101, 184, 185 · **PERE VIVAS** 21, 23, 30, 102, 155 · **JORDI TODÓ** 181, 183,
194, 211 · **MELBA LEVICK** 75 · **SEBASTIÀ MAS** 47 · **JORDI PUIG** 48 · **HUGO ARENELLA** 32, 56 · **MIGUEL RAURICH** 16
· **NEIL AUSTEN** 18, 77 · **JUANJO PUENTE** 29, 45 · **SERGI PADURA** 10 · **ANDRES CAMPOS** 66 · **JOAN OLIVA** 36 ·
AINA PLA 121 (2) · **GASPAR VALERO** 83 · **ORIOL ALAMANY** 108 · **MIQUEL TRES** 86 · **JOAN COLOMER** 120 ·

Diseño gráfico
MARTÍ ABRIL

Maquetación
TRIANGLE POSTALS

Impresión
COMGRAFIC
5-2024
IMPRESO EN BARCELONA

Depósito legal M E-298/2014
ISBN 978-84-8478-071-7

TRIANGLE POSTALS
Sant Lluís, Menorca
Tel. 971 15 04 51
www.triangle.cat